Lk 1168.

NOTE
SUR BORDEAUX
et sur
LES LANDES DE GASCOGNE.

§ 1ᵉʳ.

D'après les documents publiés par la Société vinicole de la Gironde, on récolte chaque année, dans les vignobles de ce département, pour soixante millions de produits bruts.

Ces soixante millions sont la base primordiale du commerce et de la puissance bordelaise.

Or, Bordeaux pourrait accroître cette somme d'environ soixante à soixante-dix millions, en se livrant à la production des bestiaux et des bois.

Ainsi, cette cité doublerait son importance; elle mettrait sa fortune et ses opérations commerciales au niveau de sa magnificence presque royale et de sa renommée universelle.

1842

§ II.

En France, en Europe et sur tous les points du globe, les vins diminuent de prix, tandis que partout, et en France particulièrement, la viande et le bois renchérissent; en ouvrant à Bordeaux une voie forestière et pastorale, on compenserait, par les bonnes chances d'une culture en progrès, les mécomptes d'une culture en déchéance.

Pour obtenir ce résultat désirable, que faut-il? — Rien autre chose que recueillir l'eau des étangs des landes et la verser sur le sol de ces mêmes landes que l'on dédaigne avec tant d'injustice.

Avec les eaux que le département de la Gironde possède en abondance, avec les terrains qui lui sont aujourd'hui plus onéreux qu'utiles, il peut se couvrir de prairies naturelles florissantes, de champs richement cultivés en fourrages et de forêts immenses; il peut alimenter les industries innombrables qui se rattachent à la culture forestière et à la culture pastorale, il peut envoyer des milliers de bestiaux sur les marchés appauvris du midi de la France, sur ceux même où Paris se pourvoit.

§ III.

Le long du littoral des landes, il règne une chaîne d'étangs d'eau douce, qui, par une merveilleuse configuration du terrain, occupent une suite de points de partage situés à 17 et à 21 mètres au-dessus d'une partie des terres environnantes ; ils forment de vastes réservoirs suspendus, d'où la main intelligente de l'homme n'a qu'à faire descendre sur les terres altérées leurs eaux rafraîchissantes.

Un exemple incontestable d'irrigation par les étangs vient d'être donné par la Compagnie d'Arcachon aux environs de La Teste ; on y voit déjà arroser des prairies récemment formées, sur une étendue de 400 hectares ; et, quoique ce qui est soit encore peu de chose relativement à ce qui sera plus tard, cet essai suffit à démontrer la possibilité d'établir dans les landes des prairies arrosées avec les eaux des lacs.

Cela posé, il convient de mesurer l'importance de ce fait, et de le mettre en saillie par quelques chiffres qui s'éloigneront peu de la vérité, quoiqu'ils ne soient pas le résultat d'une mesure précise.

§ IV.

Il serait facile de trouver environ 40,000 hect. arrosables par les eaux des étangs du littoral, depuis Cordouan jusqu'à Mimizan, situé à moitié chemin entre Bayonne et le bassin d'Arcachon ; en y établissant des prairies, on commencera dans quelques années à jouir des premiers résultats et à y élever des bestiaux ; le produit de l'hectare sera de 300 à 400 fr., ce qui assignerait aux 40,000 hectares un produit brut de 12 millions par an.

Ces quarante mille hectares de prairies permettront de cultiver vingt mille autres hectares en racines et en maïs pour fourrages. On recueille dans les landes, par hectare, sur des terres maigrement fumées, 30,000 kilogrammes de racines fourragères; on aura en conséquence un produit brut minimum de plus de 200 francs par hectare ou de 4 millions par an pour 20,000 hectares (1).

Voilà donc soixante mille hectare de prairies arrosées et de plantes fourragères qui finiront par former dans le pays une réserve énorme d'engrais; car, dans cette culture, chaque hectare rend le double du fumier qu'il consomme; ces engrais, rejetés sur les prairies et sur les champs fourragers, leur auront bientôt fait atteindre le maximum de fécondité, et les placeront dans les conditions des terres du nord; alors l'excédant du fumier sera reporté, comme dans le nord, sur les cultures de céréales et de plantes industrielles: lins, chanvres, colza, mûriers, toutes cultures qui ont déjà lieu avec succès dans les landes, mais sur petite échelle faute d'engrais.

Comme un hectare de fourrages peut fournir, ainsi qu'il

(1) On ne se livre pas en grand à cette culture dans l'état actuel des landes, parce qu'elle n'est possible qu'en faisant consommer les produits sur place par des bestiaux d'élève et d'engrais; elle nécessite, en conséquence, un va-et-vient régulier d'achat et de vente des bestiaux, au moyen d'un fonds de roulement; et, comme dans le midi, dans les Landes surtout, on est bien plus sujet aux sécheresses que dans le nord, comme les sécheresses y font plus de ravages sur les cultures du printemps, on se trouverait, le cas échéant, en danger de perdre par la famine le capital des bestiaux destinés à consommer les racines. Ce danger n'existera plus avec l'appui des prairies arrosées qui soutiendront les bestiaux dans les années de sécheresses désastreuses, et qui, d'ailleurs, fournissant des engrais abondants aux terres cultivées en fourrages les rendront plus capables de résister aux ardeurs du soleil; une forte fumure supplée en partie à l'irrigation.

Les prairies arrosées sont donc la condition absolue sans laquelle on ne peut se livrer, ni avec sécurité ni avec prudence, à la culture en grand des racines et des plantes fourragères.

vient d'être dit, l'engrais nécessaire non seulement à sa fécondité, mais encore à la fumure d'un autre hectare(1), les 60,000 hectares en fourrages pourront en faire cultiver, par la suite, 60,000 autres en céréales et surtout en plantes industrielles dont le produit brut sur la plupart des terres sera de beaucoup au-dessus de 300 francs l'hectare : ce chiffre donnerait cependant pour la totalité 18 millions de produit brut par an.

Ainsi 120,000 hectares en culture ont leur raison d'existence première dans les irrigations avec les eaux des landes; mais ce n'est pas tout : il reste encore sous la dépendance de Bordeaux, soit dans le département de la Gironde, soit dans le département des Landes, plus de 700,000 hectares merveilleusement propres aux plantations de pins. On laisse ces steppes à l'état de landes nues, sans les boiser, parce que les habitants en ont besoin pour le parcours des troupeaux, et que les forêts ne peuvent remplacer entièrement les landes nues quant au parcours.

Les prairies, en effet, sont une exception dans cette contrée ; le cultivateur est forcé de renoncer aux fourrages artificiels à cause des irrégularités des pluies d'été, et il n'est possible de se procurer les fumiers nécessaires aux champs en culture que par le parcours des moutons.

La plantation des pins, généralisée, causerait donc la ruine des métairies actuelles en tarissant la source des engrais.

Mais tout change de face avec les prairies arrosées :

---

(1) C'est un résultat minimum : on l'a vérifié avant la révolution dans une enquête faite sur toute la Généralité de Paris; aujourd'hui, avec les progrès agricoles, on a mieux encore.

plus n'est besoin, alors, de recourir à ces maigres troupeaux et à ces maigres pacages ; l'engrais abondant des prairies arrosées et des champs de racines remplacera l'engrais brûlant recueilli sur les landes desséchées.

En réservant 100,000 hectares et même 150,000 en landes nues pour les villages trop éloignés des lacs et des irrigations, on trouvera encore 400 à 500 mille hectares propres au boisement, et qui relèveront de Bordeaux comme de la ville suzeraine où se tiendra le marché de leurs produits (1).

Le produit brut en matières résineuses d'un hectare de pins âgés de 40 à 60 ans et bien aménagé est d'au moins 50 francs qui se partagent entre le résinier et le propriétaire ; le produit brut d'un hectare de pins de 20 à 30 ans exploité pour bûches et situé à portée des voies de communication est au moins de 800 francs ; le produit brut d'un hectare de pins de 60 à 80 ans exploité pour pièces de charpente, pour pilotis de pont, peut s'élever à 2,000 francs. D'après ces données, si l'on considère que le prix des bois s'accroît sans cesse ; si l'on apprécie l'effet des voies de communications précitées ; si l'on calcule la hausse que donnera aux forêts l'application du bois au pavage ; si l'on remarque les besoins croissants des matières résineuses ; enfin, si l'on ajoute à ces considérations que les Landes sont presque aussi propres aux plantations

(1) Il suffit de jeter un coup d'œil sur la carte pour voir qu'avec les nouvelles voies de communication déjà exécutées : chemin de fer de la Teste, canal des Étangs du sud, et celles qui sont décidées, chemin de fer de Bayonne, canalisation de la Leyre, etc., Bordeaux s'appropriera le transit, ou du moins, la souveraineté commerciale d'une partie importante du département des Landes.

de chêne, de châtaigniers et de chêne-liège qu'à celles du pin maritime, on arriverait à des résultats que l'on n'ose pas énoncer sur le produit brut de 400 à 500 mille hectares de forêts; réduisons-les au chiffre de 30 millions par an.

§ V.

En récapitulant tout ce qui précède, on voit que, par l'emploi des eaux des lacs des Landes, il se formerait autour du centre métropolitain de Bordeaux une véritable province fournissant un produit brut de 64 millions annuels, produit dont on peut encore rabattre une partie sans en diminuer l'importance.

Or, lorsque Bordeaux tiendra dans sa main tout le mouvement commercial qui résultera de cette immense quantité de produits; lorsqu'à ses portes il possédera 80 à 120,000 têtes de gros bétail abondamment nourri et destiné à l'engrais et au travail; lorsqu'au lieu de contribuer à l'épuisement du centre de la France par sa consommation en viande, qui se borne à 8,000 bœufs environ, il enverra chaque année de 20,000 à 30,000 têtes de gros bétail sur les marchés (1), où Paris, Lyon, Marseille s'approvisionnent comme lui; lorsqu'il gouvernera toutes

---

(1) Les 20,000 à 30,000 têtes de bétail qui peuvent être envoyées au marché font le quart du chiffre total (80,000 à 120,000) des bestiaux entretenus: c'est la proportion indiquée par l'expérience, sur la plus grande échelle. 20,000 sera le chiffre dans les années de sécheresses, où la perte des cultures sarclées sur les 20,000 hectares forcera les cultivateurs à restreindre leurs bestiaux, en s'appuyant sur les prairies arrosées.

les industries auxquelles donnent lieu les exploitations des bois et l'élève ou l'engrais des animaux, Bordeaux ne verra-t-il pas doubler le mouvement de ses affaires, ne trouvera-t-il pas dans le commerce de ces denrées nouvelles le plus puissant véhicule à son ancien commerce de vins?

Le sud-ouest, qui est aujourd'hui une sorte d'impasse, acculée au bout du royaume contre les Pyrénées dont les révolutions ont relevé la barrière, remontera à son rang, et la France entière éprouvera l'influence de cette régénération des Landes; car il s'agit de la mise en valeur de la 36ᵉ partie du territoire, de la renaissance d'une ville qui a été la seconde du royaume, de la nouvelle alliance avec une province qui fut long-temps en dehors de l'unité nationale et où se réveillent de temps à autre des velléités fédératives. On a livré des batailles et remué tous les empires de l'Europe pour obtenir de bien moindres résultats!

§ VI.

On peut avoir un aperçu des capitaux et du temps que l'Etat, le département de la Gironde et les communes d'une part, et que l'industrie particulière de son côté auraient à employer pour arriver au résultat qui vient d'être énoncé.

Dans les *dépenses générales*, on peut classer les suivantes :

Prolongation du canal des Etangs du sud plus avant dans le département des Landes. . . . . 1,000,000 fr.

A reporter. 1,000,000 fr.

	Report.	1,000,000 fr.
Canalisation de la Lègre.		1,500,000
Canal des Etangs du nord.		6,000,000
Travaux d'irrigations des 40,000 hectares à 200 fr. par hect. : savoir 60 à 80 fr. pour les travaux spéciaux, et 120 à 140 pour les travaux généraux, maximum très élevé.		8,000,000
Desséchements généraux. 5 fr. par hect. sur 600,000 hectares.		3,000,000
Ensemencement à la pelle de 500,000 hect. de bois, à 10 fr. par hectare, prix élevé.		5,000,000
Chemins à ouvrir. Empierrement des principales routes.		3,500,000
		28,000,000 fr.

Pour ces 28 millions, l'Etat contribuerait d'un million pendant dix ans sur les fonds des travaux publics, le département et les communes feraient le reste dans un délai qui dépendra de leur zèle et de l'intérêt immédiat qu'elles y auront.

Les *dépenses* qu'il faudra demander à l'*industrie particulière* se résument ainsi :

Frais de défrichement, de mise en prairie ou de mise en culture, achats d'engrais compris, pour les 120,000 hectares, à 400 fr. par hect., l'un dans l'autre.	48,000,000 fr.
Plantations, vergers, jardins, mûriers, fossés et haies.	5,000,000
Etables et bergeries pour les 60,000 hect.	
A reporter.	53,000,000 fr.

Report.	53,000,000 fr.
de terres en fourrages à raison de deux grosses têtes de bétail par hectare et 80 fr. par tête.	9,600,000
Etables et bergeries ou granges et dépendances pour les 60,000 hectares en cultures industrielles : moitié du précédent.	4,800,000
Maisons de fermiers sur les 120,000 hectares, à raison d'une ferme par 200 hect. et 10,000 fr. par maison de ferme (ce sera suffisant au commencement). . .	6 000,000
Une maison de garde-forestier de 1,500 fr. par chaque millier d'hectares de bois. .	750,000
Routes diverses ou allées tracées dans les bois et dans les landes.	1,500,000
	75,650,000 fr.

Si l'on suppose trente ans pour l'achèvement de l'œuvre, ce sera une force de deux millions que le travail individuel et les capitaux privés auront à porter chaque année sur les Landes.

Le Nord regorge de fermiers à capitaux qui commencent à tourner leurs regards vers le Midi, mais qui sont arrêtés par la difficulté que l'on éprouve dans le Midi à organiser le fermage à prix d'argent; cette difficulté tient à l'irrégularité du climat et à la nature des productions, vignes, oliviers, mûriers, plantes tinctoriales et aromatiques, qui non seulement sont irrégulières dans leurs récoltes, mais dont l'exploitation est incompatible avec le principe même du fermage (1).

(1) Cette question a été traitée avec détail dans une brochure intitulée : *De l'influence des irrigations dans le midi de la France* (chez Huzard).

Or, dès qu'il y aura des irrigations dans les Landes il y aura régularité des récoltes par la production des bestiaux, et on y verra descendre les fermiers du Nord avec leurs capitaux. On est d'autant plus fondé à le penser que déjà il se traite des affaires de cette nature entre la compagnie d'Arcachon et des cultivateurs du Pas-de-Calais, qui viendront dans les Landes arrosées, auprès de la Teste, louer à la Compagnie, à prix d'argent, des terres déjà cultivées, et en outre mettre à leurs frais de nouvelles landes en cultures et en prairies. Ainsi les capitaux du Nord, attirés dans la sphère commerciale de Bordeaux, viendront s'immobiliser en partie, et en partie circuler sur son sol.

§ VII.

La régénération de ses landes par les irrigations et par les bois, telle est provisoirement la voie la plus sûre et la plus large où Bordeaux puisse s'engager pour reconquérir son ancienne splendeur, que mille causes combinées ont contribué à ternir.

Cette ville est frappée de malheur dans toutes les branches de son activité : dans ses vins, dans son eau-de-vie, dans sa marine, dans son commerce, dans ses relations coloniales, dans ses voies de communications, dans son port.

C'est trop pour qu'elle puisse espérer de guérir soudainement tant de plaies.

Voilà tantôt trente ans qu'elle est en déchéance et que ses plaintes réitérées demeurent sans effet. Cependant elle a vu monter au pouvoir, depuis 1814, un grand nombre de ses enfants : MM. Lainé, Decase, de Seze, Peyronnet,

Martignac, d'Haussez, Ravez, Marcellus, sous la restauration; et, sous le régime actuel, Fonfrède (pour ne parler que des morts), appartenaient tous à Bordeaux par naissance, par affection ou par célébrité acquise.

Pourquoi donc n'a-t-il pas été fait droit à ses réclamations?

Aujourd'hui, ses cris de détresse prennent un caractère plus alarmant; les propriétaires de vignobles demandent miséricorde et se laissent saisir pour le paiement de l'impôt; ils envoient délégués sur délégués; le commerce écrit lettres sur lettres; on signe partout des réclamations!

Pourquoi donc toutes ces démarches n'aboutissent-elles à aucun résultat?

Ne serait-ce point parce que malgré la puissance des motifs et la grandeur des besoins, il n'est pas au pouvoir des hommes de changer instantanément un ordre de choses qui tient à toutes les lois de douanes de l'Europe, qui résulte du développement industriel dont chaque peuple cherche à se faire le centre, et qui dépend des opinions économiques auxquelles on se rallie généralement quant à la création et à l'administration des richesses nationales.

§ VIII.

Que demandent en réalité les Bordelais?

Du fret pour leurs navires — des commissions pour leurs maisons de commerce, que Marseille et le Havre ont détrônées — des marchés intérieurs et extérieurs où leurs vins se vendent au prix d'autrefois.

Tout cela est bien désirable sans doute. — Mais si Marseille a des communications intérieures qui lui ouvrent un immense débouché dans le centre de la France, dans la Suisse et dans l'Allemagne ; si cette cité, favorisée par les circonstances politiques, commande le commerce de la Méditerranée; si Paris, devenu la première place commerciale de l'Europe après Londres, appelle au Havre les denrées exotiques pour les distribuer dans le cœur et dans l'est de la France; si l'Espagne et le Nouveau-Monde sont ravagés par les révolutions... quel remède *direct et immédiat* peut apporter à cet état de choses le reste de la nation?

Peut-on faire que Paris cesse d'être commerçant, que Marseille ne soit plus assise aux portes du Levant et de l'Algérie, que la politique européenne abandonne l'arène de la Méditerranée, que l'Espagne et les Amériques reprennent leur stabilité? — Non! sans doute, et cependant jusqu'à ce que ces circonstances aient été modifiées, Bordeaux ne peut plus compter, pour le fret et pour les commissions des marchandises qui lui seront consignées, que sur l'approvisionnement des villes voisines et sur l'agrandissement de son marché intérieur par les voies de communication.

Tout ce que Bordeaux peut obtenir, et ne doit point se lasser de poursuivre, ce sont des mesures d'adoucissements partiels, que le temps, les circonstances et ses propres efforts sur lui-même lui apporteront chaque jour, et que tous les hommes d'état, comme toutes les administrations ont le désir de lui procurer.

§ IX.

Chaque jour amène une de ces mesures. Ainsi, aujourd'hui ce sera un dégrèvement sur les droits des vins en Belgique. — Hier, c'était un vote des chambres qui octroyait le chemin de fer d'Orléans vers Bordeaux, ceux de Bordeaux vers Bayonne et de Bordeaux vers Marseille. — A une session précédente, on votait le canal latéral à la Garonne et les paquebots transatlantiques.

Demain ce sera une loi qui arrêtera les municipalités dans leurs tendances à élever les droits sur les vins; ce sera le développement de l'industrie de la soie qui, depuis quelques années, fait des progrès croissants dans la circonscription de Bordeaux !

Mais pendant que toutes ces mesures s'exécuteront successivement et lentement, apportant chacune leur tribut d'adoucissement, il faut que Bordeaux se porte vers un autre but d'activité. C'est une ville établie sur une trop grande échelle, avec une population trop nombreuse et trop inquiète, avec des habitudes et des proportions trop rapprochées des habitudes et des proportions d'une capitale, pour que la reprise du commerce des vins puisse suffire à couvrir ses frais généraux et à lui rendre son ancienne splendeur.

Tout marche depuis 1789, et ne pas avancer c'est déchoir.

Pour que le département de la Gironde ne s'amoindrisse pas, pour que sa capitale conserve sa population, pour que les maisons et les terres se maintiennent en leur valeur, il est urgent d'ouvrir une nouvelle voie au travail ainsi qu'à l'intelligence si vive et si active des Bordelais.

Et quelle autre voie sera plus honorable et plus lucrative,

Plus immédiate et plus large,

Plus spéciale à Bordeaux et d'un intérêt plus général pour la France,

Plus sûre et plus indéfinie,

Que celle dont il est question en tête de ce Mémoire, savoir : la mise en valeur des Landes par les irrigations et et par les semis forestiers,

Par les bestiaux et par les bois,

Par les industries et par les transactions innombrables qui se rattachent à ces deux objets de consommation universelle, plus chers de jour en jour : la viande et le combustible.

§ X.

Les landes de Gascogne, fertilisées par les eaux, se présentent donc comme une des voies de salut et l'une des splendeurs futures de Bordeaux.

Il n'existe peut-être pas en Europe aujourd'hui une ville qui ait à ses portes un trésor inexploité et pour ainsi dire inconnu, aussi riche d'avenir et aussi facile à conquérir que cette province de Landes si dédaignées dont Bordeaux est la suzeraine.

La Providence, en mère économe, lui a long-temps voilé cette réserve précieuse qu'elle lui préparait pour les temps de détresse; elle avait placé sur des hauteurs inapparentes à l'œil, de vastes lacs aux abondantes eaux ! mais elle en avait défendu les approches en y établissant le séjour de fièvres perpétuelles et en étendant, depuis leurs bords jusqu'à ceux de la Garonne, un manteau de sables inhospitaliers d'où les routes solides et les voitures rapides semblaient bannies à jamais; elle avait confié la garde de ces déserts aux dunes voyageuses, vomies incessamment sur la côte par les flots de l'Océan, et incessamment chassées dans l'intérieur par les vents et les tempêtes de l'Ouest... Ces dunes impitoyables, à la marche lente mais continue comme la marche du destin, comblaient les ports, déplaçaient les lacs, engloutissaient les forêts, roulaient leurs ondes mortelles sur les champs cultivés et ensevelissaient les villes jusqu'à la hauteur des flèches des églises. — Elles dressaient devant Bordeaux lui-même l'image lointaine, mais menaçante, d'une inévitable destruction.

Un demi-siècle a suffi pour changer en semences de vie toutes ces apparences de mort :

Les dunes combattues, dès l'illustre Bremontier, sont chevillées dans le sol par les racines des pins—leurs cimes couronnées par une chevelure de forêts défendent les champs voisins contre la violence des vents auxquels elles doivent leur formation ; — le régime des lacs est devenu constant, et les habitants de leurs bords, rassurés par la stabilité des sables, n'ont plus craint de se livrer aux travaux d'assainissement qui éloignent les fièvres ; — les chemins de fer qui conviennent particulièrement aux Landes pour le bon marché et pour la facilité de leur exécution, ont résolu le problème d'une circulation rapide et économique.— Enfin, avec du courage et de la persévérance, on a reconnu et démontré, par l'expérience, que les eaux des lacs étaient suspendues au-dessus du niveau de vastes plaines, qu'elles étaient éminemment propres à la formation d'immenses prairies naturelles, et qu'elles offraient ainsi des sources toutes nouvelles de prospérité aux Landes dont elles sont appelées à provoquer et à soutenir la régénération.

PARIS. — IMPRIMERIE DE BOURGOGNE ET MARTINET, RUE JACOB, 30.

www.ingramcontent.com/pod-product-compliance
Lightning Source LLC
Chambersburg PA
CBHW070546050426
42451CB00013B/3196